Limousin

Texte et photographies : **Emmanuel Ciepka**

Editions OUEST-FRANCE

Terre et mémoire

Land and Remembrance

Crozant.

Le lac de Saint-Pardoux au pied des monts d'Ambazac.
Saint-Pardoux Lake at the foot of the Ambazac Mountains.

Sources, ruisseaux, rivières, pêcheries, étangs, l'eau est omniprésente en Limousin. Puissance hydraulique, richesse piscicole, sans doute trésor pour l'avenir, elle est au cœur de la magie des paysages et de leur lumière incomparable.

Springs, streams, rivers, fisheries, lakes, you're never far away from water in Limous[...] Hydraulic power, an asset for fish-farming and no doubt a treasure for the future, it li[...] at the heart of the magical landscapes and their incomparable light.

Le Grand Saut à Gimel-les-Cascades.
The Grand Saut in Gimel-les-Cascades.

Un étang en Basse-Marche.
A lake in Basse-Marche.

gétation foisonnante, rochers, eau vive, la Glane au site Corot à Saint-Junien représente bien les rivières limousines.
ındant vegetation, rocks, white water, the River Glane at Corot's site in Saint-Junien is the perfect symbol of the rivers in Limousin.

Le pays de l'eau
A land of water

La Creuse dans les gorges d'Anzême.
Creuse in the Anzême Gorges.

L'érosion a sculpté les impressionnants chaos granitiques caractéristiques du Limousin. Leur mystère, ajouté à celui de nombreux mégalithes hérités du fond des âges, a inspiré tout un monde de légendes à la croisée du merveilleux et du sacré.

Erosion has shaped the impressive granite rocks so typical of Limousin. Their mystery added to that of the many megaliths inherit from the depths of time, has inspired a worl of legends at a crossroads between magic and religion.

Le dolmen de la Betoulle, aux abords des monts de Blond, « cœur préhistorique du Limousin ».
The Betoulle dolmen, near the Blond Mountains, the "prehistoric heart of Limousin".

La Roche aux Fées dans les monts de Blond.
The Roche aux Fées in the Blond Mountains.

Le dolmen d'Urbe, près de Crocq.
The Urbe dolmen, near Crocq.

La pierre aux Neuf Gradins, près de Pontari
The Pierre aux Neuf Gradins, near Pontari

Pierres Jaumâtres, une quarantaine de blocs énormes, en équilibre parfois précaire, ont inspiré à George Sand son roman « Jeanne ».
Pierres Jaumâtres, about forty enormous blocks, sometimes precariously balanced, inspired George Sand to write "Jeanne".

Pierres à légendes
Legendary stones

La pierre à sacrifices de Cinturat dans les monts de Blond.
The Cinturat sacrificial stone in the Blond Mountains.

Etendue de collines austères aux hivers rigoureux, où les résineux désormais cernen les landes de bruyères et les tourbière château d'eau d'où naissent la plupart des rivières, cœur du Limousin et de l'imaginaire de ses romanciers, « le plateau » est à apprendre et à rêve

An area of austere hills subject to harsh winters where resinous trees now surround the heather moorland and peat bogs. A wate tower where many rivers rise, the heart of Limousin and a source of inspiration for its writers, "the plateau" is for learning and dreaming.

La Vézère près de Saint-Merd-les-Oussines.

The Vézère near Saint-Merd-les-Oussines.

La croix du Bélier à Peyrelevade, une des nombreuses croix en granite du plateau.

The monumental cross of Aries in Peyrelevade, one of the many granite crosses found on the plateau.

La tourbière du Longeyroux est un site biologique exceptionnel et protégé, que parcourent plusieurs sentiers de découverte.

Longeyroux peat bog is an outstanding protected biological site crisscrossed by several discovery trails.

origine incertaine, le nom Millevaches viendrait du latin « melo vacua » (montagne vide), pour les uns, du celte « mille batz » (mille sources), pour les autres.
uncertain origin, for some, the name Millevaches comes from Latin "melo vacua" (empty mountain), while, for others, it comes from Celtic "mille batz" (thousand springs).

Le plateau de Millevaches

The Millevaches plateau

Le ruisseau de Marcy.
Marcy stream.

L'unique salle de classe de l'école communale.
The only classroom at the village school.

A Montrol-Sénard, les habitants ont transformé plusieurs maisons du village en musée ouvert de la vie rurale du début du XXe siècle. Le visiteur est invité à entrer dans les décors reconstitués. Tout un monde disparu est là à portée de main et d'émotion.

In Montrol-Sénard, the inhabitants have turned several village houses into an open museum devoted to rural life at the start of the 20th century. Visitors are invited to enter the recreated decors and immerse themselves in a bygone world filled with emotion

Bourrache dans le jardin de grand-mère.
Borage in grandmother's garden.

La grange étable et ses cornadis permettant d'individualiser l'alimentation des vaches.
The stable and its feed barriers help to separate the cows' feed.

maison où l'on était accueilli par la formule limousine rituelle « Chabatz d'entrar ! » (Finissez d'entrer !).
house where people were welcomed with the standard Limousin greeting "Chabatz d'entrar !" (Finish entering !).

Nostalgie rurale
Rural nostalgia

L'établi du sabotier.
The clog-maker's workbench.

Le rafraîchissement de cinq heures.
Tea time.

Limousines
Limousine cows

Le foin du soir.
Evening hay.

Des récompenses...
encore... et encore...
Rewards... more... and more...

Leur robe rouge fauve dans les champs suffit à identifier le Limousin. Depuis 1886, un livre généalogique, le *herd-book*, atteste de leurs origines. Une sélection rigoureuse, tout au long du XXe siècle, a fait d'elles la première race à viande du monde.

The sight of their tawny coats in the fields is enough to identify Limousin. Since 1886, a herd-book has certified their origins. A rigorous selection throughout the 20th century has helped to make it the leading meat breed in the world.

Toujours accueillantes et curieuses... un peu poseuses parfois.
Always welcoming and inquisitive... sometimes affected.

Châtaigniers.
Chestnut trees.

Le châtaignier
The chestnut tree

Cabane de feuillardier.
Barrel-hoop maker's hut.

Feuillardier protégé par son tablier, pelant un feuillard avec sa plane.
Barrel-hoop maker protected by his apron, shaving a wooden hoop with his plane.

« L'arbre à pain » a assuré la subsistance de la population durant les périodes de famine, de guerre et de pillage. Les feuillardiers travaillaient le bois. Dans leurs cabanes au cœur des châtaigneraies, ils fabriquaient les feuillards destinés à cercler les tonneaux et des piquets pour les clôtures. La feuille du châtaignier est aujourd'hui l'emblème du Limousin.

"The bread tree" provided food for the population during times of famine, war and pillage. Barrel hoop-makers used to work in the woods. In their huts in the heart of the chestnut forests, they made hoops for barrels and posts for fencing. Today, the chestnut leaf is the emblem of Limousin.

Clédier, séchoir à châtaignes, à Lartimache.
Clédier, *chestnut drying rack, in Lartimache.*

Des souches de châtaignier se consumaient en bas, séchant les châtaignes disposées sur la cleda en lattes de châtaignier.
Chestnut tree stumps were burned below, drying out the chestnuts spread out on the rack above made from chestnut wood slats.

Détail de la châsse de saint Viance (XIIIe). La technique du champlevé consiste à creuser la plaque de cuivre pour y déposer l'émail.
Detail from the shrine of Saint Viance (13th century). The champlevé technique consists of hollowing out the copper plate and adding enamel.

Châsses et reliquaires
Shrines and reliquaries

Châsse de saint Etienne (XIIe) à Gimel-les-Cascades. Détail : la lapidation.
Shrine of Saint Etienne (12th century) in Gimel-les-Cascades. Detail : the stoning.

Après la procession... Ostensions de Saint-Léonard-de-Noblat en 2009.
After the procession... Ostensions *in Saint-Léonard-de-Noblat in 2009.*

Au XIIe siècle, l'essor sans cesse grandissant du culte des saints sollicite et encourage la créativité des orfèvres et émailleurs des abbayes limousines. Ils utilisent la nouvelle technique de l'émail champlevé. « L'Œuvre de Limoges » va, pendant deux siècles, rayonner sur toute la Chrétienté.

In the 12nd century, the never-ending rise in saint worship stimulated the creativity of the goldsmiths and enamel workers at the abbeys of Limousin. They used the new technique of champlevé enamel. For two centuries, "Limoges Work" was famous throughout the Christian world.

Médaillon en émail peint sur la châsse de saint Léonard.
Painted enamel medallion on the shrine of Saint Léonard.

Buste reliquaire de saint Etienne de Muret à Saint-Sylvestre.
Reliquary bust of Saint Etienne de Muret in Saint-Sylvestre.

Tous les sept ans, depuis 1519, les saints limousins sont célébr au cours des Ostensions, cérémonies à la fois religieuses, patrimoniales et conviviales, uniques en France. Les reliques sont exposées, portées en procession, souvent accompagnées de défilés historiques.

Every seven years, since 1519, the Saints of Limousin are celebrated during the Ostensions, *ceremonies based on religio heritage and conviviality, which are unique in France. The relics are exhibited, carried in processions and often accompanied by historical parades.*

A Limoges, le chef de saint Martial, extrait de son reliquaire, va être présenté à la foule... et applaudi.
In Limoges, the skull of Saint Martial, removed from its reliquary, is to be presented to the crowd... and cheered.

A Saint-Léonard, la châsse du saint portée par les confrères et le défilé historique.
In Saint-Léonard, the Saint's shrine carried by the brotherhood and the historical parade.

Aureil, une ostension campagnarde.
Aureil, a rural ostension.

2009, évocation de la multiplication des pains à Saint-Junien, où un cortège historique de 1500 figurants retrace toute l'histoire de l'Eglise.
2009, evocation of the multiplication of bread in Saint-Junien, where a historical procession of 1,500 people retrace the entire history of the Church.

Les ostensions
Ostensions

Les suisses de Saint-Junien, élus à vie, sont les gardiens du tombeau et des reliques.
The Swiss of Saint-Junien, appointed for life, they are the guardians of the tomb and the relics.

« Maudite soit la guerre ! » ose proclamer le monument aux morts de Gentioux, ce qui ne fut pas du goût de tout le monde.
"Maudite soit la guerre !" (a curse on war) dares to proclaim the war memorial in Gentioux, which was not to the taste of all.

Résistance
Resistance

« Trou » de résistants reconstitué dans la forêt de Boubon.
Reconstruction of a hideout used by the Resistance in Bourbon Forest.

Le mont Gargan, où les maquisards du colonel Guingouin repoussèrent les forces allemandes en juillet 1944.
Mount Gargan, where the resistance fighters of Colonel Guingouin drove back the German forces in July 1944.

Vitrine du musée de la Résistance de Limoges : le matériel radio.
Display case at the Resistance Museum in Limoges : radio equipment.

« Celui qui ne se rend pas a raison contre celui qui se rend... » Le 17 juin 1940, l'appel du Briviste Edmond Michelet précède celui du général de Gaulle. Zone de front pendant des siècles entre l'Angleterre et la France, souvent livré au pillage, le Limousin a hérité de son histoire un indéfectible esprit de résistance. Il fut pour les Allemands « la petite Russie » et de Gaulle appela Limoges « la capitale du maquis ».

"He who does not surrender has the right over he who surrenders…". On 17 June 1940, the call of the Brive resident, Edmond Michelet, preceded that of General de Gaulle. For centuries, a front line zone between England and France, often subject to pillaging, from its chequered history, Limousin has inherited an unfailing spirit of resistance. Germans called it "little Russia" and General de Gaulle referred to Limoges as "the capital of the Maquis".

Paysage du maquis dans les gorges de la Dordogne.
Maquis landscape in the Dordogne Gorges.

Oradour-sur-Glane

Le 10 juin 1944, une unité de la division SS *Das Reich* a méthodiquement exterminé la population et anéanti le bourg d'Oradour-sur-Glane, faisant 642 victimes, hommes, femmes et enfants. Aujourd'hui, un centre de la mémoire et le silence immuable des ruines du village, conservées en l'état, témoignent face au passé et à l'avenir.

On 10 June 1944, a unit of the Das Reich SS division methodically exterminated the population and destroyed the town of Oradour-sur-Glane, resulting in the deaths of 642 men, women and children. Today, a memorial centre and the eternal silence of the village, preserved in its ruined state, bear witness to the past and the future.

Traditions et convivialité auron toujours bon accueil en Limous Toutes les mi-novembre, la fêt de la Quintaine honore saint Léonard dans sa ville. Dans un autre registre, le 1er mai, Neuvic organise un concou mondialement réputé, de coqs de pêc dont les plumes servent à fabriquer les mouches artificielles.

Tradition and conviviality will always be welc in Limousin. In the middle of November, the Quintaine festival honours Saint Léon in the town of his name. On a different not on 1 May, Neuvic organises an internationa famous competition of Limousin cockerel wh feathers are used for making fishing flies.

Reconstitution d'une batteuse à Saint-Symphorien-sur-Couze.
Restored thresher at Saint-Symphorien-sur-Couze.

A Neuvic, les coqs de pêche limousins passent entre les mains d'un jury d'experts. Les gagnants seront très pris
In Neuvic, Limousin cockerels are examined by a jury of experts. The winning birds will be much sought a

aint-Léonard-de-Noblat, la Quintaine, petite forteresse en bois, est portée en cortège à travers la vieille ville.

aint-Léonard-de-Noblat, the Quintaine, a small wooden fortress, is carried in a procession through the old town.

Traditions

Traditions

La Quintaine est détruite à coups de quillous par les cavaliers, en hommage à saint Léonard.

The Quintaine is destroyed by riders with wooden clubs, in tribute to Saint Léonard.

La Haute

–Vienne

Étang en Basse-Marche.

Lake in Basse-Marche.

La cathédrale Saint-Etienne domine les jardins de l'Evêché dont les terrasses étagées surplombent la Vienne.
Saint-Etienne Cathedral dominates the gardens of the Bishop's Palace whose tiered terraces overlook the River Vienne.

Limoges

La rue de la Boucherie, cœur du Limoges traditionnel.
Rue de la Boucherie, the centre of traditional Limoges.

Les halles du XIXe siècle. Verre, métal et porcelaine.
The 19th century covered market. Glass, metal and porcelain.

La technopole Ester.
The Ester science park.

La capitale régionale est, avec 140 000 habitants, la seule grande ville du Limousin. Elle doit aux arts du feu, l'émail et la porcelaine, sa renommée mondiale. Résolument tournée vers l'avenir, elle accueille aujourd'hui plus de 20 000 étudiants et plusieurs pôles de recherche de pointe. En témoigne la futuriste technopole Ester.

The regional capital, with 140,000 inhabitants, is the only large town in Limousin. It owes its international reputation to fire-using crafts, enamel and porcelain. Resolutely turned towards the future, today it is home to 20,000 students and several cutting-edge research centres. Proof of this may be seen at Ester, the futuristic science park.

Splendide témoignage de la prospérité porcelainière et du goût de la nouveauté, la gare des Bénédictins, chef-d'œuvre Art déco, inaugurée en 1929.
Beautiful testimony to the treasures of porcelain and a taste for the new, the Bénédictins railway station, an Art Deco masterpiece inaugurated in 1929.

Née de la découverte de kaoli
dans la région en 1768,
la porcelaine de Limoges
a conquis le monde au XIXe siècle
par son savoir-faire technique, le géni
d'entrepreneurs comme Pouyat et
Haviland, son ouverture incessante
aux nouveautés : japonisme,
Art nouveau, Art déco.

The product of the discovery of kaolin in the region in 1768, Limoges porcelain conquered the world in the 19th century wit its technical expertise, the ingenuity of entrepreneurs such as Pouyat and Havila and its incessant openness to new art forms Japonisme, Art nouveau, Art deco.

Porcelaine et émail, la fontaine du jardin de l'hôtel de ville de Limoges (1893).
Porcelain and enamel, the fountain in the garden of Limoges Town Hall (1893).

Les ouvriers d'aujourd'hui travaillent dans le respect d'un savoir-faire artisanal d'exception transmis de générat en génération. Garnissage, émaillage, décor en peint-main, à la manufacture J. L. Coquet de Saint-Léonard-de-Nob

Today's craftsmen respect the techniques of an outstanding artisanal tradition, passed on from generation to generation. Trim, enar hand-painted decorations at the Manufacture J. L. Coquet in Saint-Léonard-de-Nob

vice Art nouveau, Plainemaison frères. La translucidité de la matière caractérise la porcelaine, ainsi que la dureté et la sonorité.
nouveau service, Plainemaison frères. Translucency is the characteristic of porcelain, as well as its hardness and resonance.

La porcelaine
Porcelain

Plaque funéraire en porcelaine (XIXe), une exception limousine. Limoges, cimetière de Louyat.
Porcelain funeral plaque (19th century), a Limousin exception. Limoges, Louyat cemetery.

Le futur saint Eloi, né à Chapte près de Limoges, orfèvre émérite et conseiller du roi Dagobert, reçut de son souverain le domaine de Solignac. Il y fit édifier en 631 la première grande abbaye limousine. L'église actuelle date du XIIe siècle. Son architecture d'inspirati périgourdine est unique en Limousin.

The future Saint Eligius, born in Chaptela near Limoges, a celebrated goldsmith and advisor to King Dagobert, was handed the est of Solignac by his sovereign. He had the fir large Limousin abbey built there in 631. The present-day church dates from the 12th century. Its Perigord-style architecture is unique in Limousin.

Le chevet de l'abbatiale et ses absidioles.
The chevet of the abbey and its apsidioles.

Stalle du XVe siècle, figure de moine.
15th century stall, figure of a monk.

D'imposantes marches introduisent dans la nef.
Imposing steps lead to the nave.

Buste reliquaire de saint Théau (XI
Reliquary bust of Saint Theau (13th centu

roite du chœur, une grande peinture murale du XVe siècle représente saint Christophe portant l'Enfant Jésus sur ses épaules (détail).
he right of the choir, a large 15th century mural depicts Saint Christopher carrying the Infant Jesus on his shoulders (detail).

Solignac

Les stalles d'inspiration populaire. L'ange déchu.
The playfully ornamented stalls. The fallen angel.

A Saint-Léonard-de-Noblat, les moulins de Noblat datent des XVIIe et XVIIIe siècles.
In Saint-Léonard-de-Noblat, the Noblat mills dating from the 17th and 18th centuries.

En suivant la Vienne

Along the River Vienne

Le pont de Noblat (XIIIe) reliait la ville à ses faubourgs.
The Noblat bridge (18th century) connected the town to its outskirts.

Saint-Victurnien doit son origine à un ermite venu d'Ecosse au VIe siècle.
Saint-Victurnien owes its origins to a hermit who arrived from Scotland in the 6th century.

Une même histoire : un gué, un carrefour de voies antiques, le tombeau révéré d'un saint ermite évangélisateur, la fondation d'un riche sanctuaire autour duquel une ville peut prospérer, ainsi sont nées Saint-Léonard-de-Noblat, Saint-Victurnien et Saint-Junien, toujours fidèles aujourd'hui à leurs saints fondateurs.

A common history : a ford, a crossroads on ancient ways, the revered tomb of an evangelist hermit saint, the foundation of a sanctuary around which a town prospered, this was how Saint-Léonard-de-Noblat, Saint-Victurnien and Saint-Junien came into being, ever faithful to their founding saints.

La Vienne au pont de Saint-Junien.
The River Vienne at Saint-Junien bridge.

La chapelle Notre-Dame-du-Pont à Saint-Junien, un des rares monuments gothiques du Limousin, doit son édification à Louis XI.
Notre-Dame-du-Pont Chapel in Saint-Junien, one of the few Gothic monuments in Limousin, owes its construction to Louis XI.

Une météorite est tombée là il y a plus de deux cents millions d'années. La pierre de la région en porte toujours la trace. Le château, devenu musée d'art contemporain en 1985, propose une étonnante rencontre entre fresque Renaissance et œuvres d'aujourd'hui.

A meteorite landed here two hundred million years ago and the region's stone still bears the mark. The castle, which became a museu of contemporary art in 1985, offers an astonishing encounter between Renaissance frescos and modern works.

Un des plus beaux châteaux Renaissance du Limousin.
One of the most beautiful Renaissance castles in Limousin.

La présentation des collections du musée est fréquemment renouvelée et accompagnée d'expositio
Œuvres de Giulio Paolini et Michelangelo Pistolet

La flèche hélicoïdale de l'église.
The church's helical spire.

The museum's collections are renewed regularly and accompanied by exhibitio
Works by Giulio Paolini and Michelangelo Pistole

›s fresques de la salle des chasses représentent une chasse au cerf dans les bois de Rochechouart, au tout début du XVIe siècle.

›scoes in the Hunting Room depict a stag hunt in Rochechouart Forest at the start of the 16th century.

Rochechouart

a galerie d'Hercule est décorée de rares fresques en grisaille du XVIe siècle.

The Hercule gallery is decorated with rare, 16th century grisaille frescoes.

La maison forte de la Mothe à Tersannes témoigne des nécessités défensives d'autrefois.
The fortified castle of Mothe in Tersannes bears witness to the importance of defensive systems in former times.

La Basse-Marche

La Brame.
La Brame.

Sur les terres de l'agneau Barronet.
The land of Barronet lamb.

Au nord des monts de Blond, le paysage s'apaise. Une campagne verdoyante, bocagère, sillonnée de rivières ombragées, accueille des troupeaux d'ovins. La frontière entre le nord et le sud, la langue d'oïl et la langue d'oc, passe ici. Zone de conquête royale jusqu'au XIVe siècle, puis zone de front entre la France et l'Angleterre durant la guerre de Cent Ans, la région a connu des heures moins tranquilles.

North of the Blond Mountains, the landscape becomes gentler. A natural, rural countryside crisscrossed by shady rivers provides a home for flocks of sheep. The border between the north and the south, the langue d'oïl and the langue d'oc, passes through here. An area of royal conquest until the 14th century, then a front line zone between France and England during the Hundred Years War,
the region has experienced some turbulent times.

Au Dorat, la porte Bergère, est la seule qui subsiste des quatre portes des remparts.
In Le Dorat, the Bergère gate is still standing, the only one of the four gates on the ramparts which remains.

Bellac, ville natale de Jean Giraudoux, domine le Vincou.
Bellac, the birthplace of Jean Giraudoux, dominates the River Vincou.

L'époque romane est l'âge d'or du Limousin. Un style architectural propre s'y développe au carrefour des influences majeures du Poitou, du Périgord et du Languedoc. Ces grandes collégiales sont les fleurons d'une vaste famille qui compte trois cents églises de villag certaines fortifiées au XVe siècle.

The Romanesque period was the golden age Limousin. A unique architectural style develop at a crossroads between the major influence of Poitou, Perigord and Languedoc. These lar collegiate churches were the jewels of a huge family which included three hundred village churches, some of which were fortified in the 15th century.

La nef de la collégiale du Moustier à Saint-Yrieix et sa coursière ornée de modillons.
The nave of the Moustier collegiate church in Saint-Yrieix and its passageway decorated with modillions.

Saint-Junien, modèle de façade limousine.
Saint-Junien, archetype of a Limousin facade.

Le magnifique clocher à gables typiquement limousin de Saint-Léonard-de-Noblat.
The magnificent, typically Limousin, gabled bell tower in Saint-Léonard-de-Noblat.

collégiale Saint-Pierre du Dorat, remarquable par sa puissance et son granite austère, possède ce délicat portail d'inspiration mozarabe.
int-Pierre du Dorat collegiate church, remarkable for its power and austere granite, has this delicate Mozarabic style door.

Les collégiales
Collegiate churches

A Eymoutiers, la collégiale Saint-Etienne abrite un ensemble exceptionnel de vitraux des XVe et XVIe siècles.
In Eymoutiers, Saint-Etienne collegiate church is home to an outstanding collection of 15th and 16th century stained glass windows.

A Mortemart, les personnages des stalles ont mal aux dents, mangent de la galette en douc les chevaliers sont fiers, les prélats suffisants. La vie est là. Le même souc de vérité remplit d'humanité les saints du « paradis » de Saint-Junien. Le ciel et la terre n'étaient alors pas si éloigné

In Mortemart, the figures on the stalls have toothache and are secretly eating biscuits, the knights are proud and the prelates are sufficient. It is full of life. The same concern for honesty is reflected in the saints of "paradise" in Saint-Junien. Sky and ear were not all that far from each other then.

« L'Assomption de la Vierge » dans l'église des Augustins à Mortemart.
"L'Assomption de la Vierge" in Augustins Church in Mortemart.

Statues polychromes (XVIe et XVIIe) de la collégiale de Saint-Junien : saint Simon, sainte Barbe et sainte Marguerit
Polychrome statues (16th and 17th centuries) in Saint-Junien collegiate church : Saint Simon, Saint Barbe and Saint Marguer

stalles de Mortemart datent du XVᵉ siècle. Apôtres, Rois mages, chevaliers, évêques, moines, bourgeois, musiciens y voisinent avec un bestiaire inspiré.
stalls in Mortemart date from the 15th century. Apostles, magus kings, knights, bishops, monks, bourgeois and musicians take pride of place alongside an inspired bestiary.

Le ciel et la terre
Heaven and earth

Mortemart, une miséricorde.
Mortemart, a misericord.

Zone frontière oblige, lorsque les donjons en pierre apparure le Limousin fut à l'avant-gard de l'architecture militaire, comme à Montbrun. Revers de la médaille, tombées à l'ennemi, ces forteresses pouvaient devenir de terribles menace à l'exemple de Chalusset.

Owing to its border location, with the construction of the first stone keeps, Limousin found itself at the avant-garde of military architecture, as was the case in Montbrun. However, if they fell into ene hands, these fortresses could become terrible threats, such as Chalusset Castle.

Du donjon de Châlus partit le carreau d'arbalète qui blessa mortellement Richard Cœur de Lion.
The bolt which mortally wounded Richard Lionheart was fired from the keep in Châlus.

Un escalier dissimulé dans l'épaisseur d'un mur à Chalusset. Les bourgeois de Limoges finirent par démanteler la forteresse pour assurer leur tranquill
A staircase hidden in a thick wall at Chalusset. The bourgeoisie of Limoges decided to dismantle the castle themselves in order to ensure their tranquil

ontbrun, l'imposant donjon de 35 mètres de haut fut édifié au XIIe siècle, puis reçut son habillage de tours rondes au XVe siècle.
ontbrun, the imposing 35-metre high keep was built in the 12th century. The round towers were added in the 15th century.

Les châteaux forts
Fortified castles

L'appareil d'un pan de mur du donjon de Chalusset.
The bonding in a wall at the keep in Chalusset.

A son origine, le château de Coussac-Bonneval défendait l'Aquitaine.
Originally, Coussac-Bonneval Castle defended Aquitaine.

C'est ici que le providentiel kaolin fut découvert. On y exploita aussi l'or et l'argile. Des châtaigneraies abritent des bonn fontaines. Des landes isolées laissent affleurer la serpentine. La pierre de Saint-Yrieix teinte les maisons de chaudes nuances ocre et terre de Sienne.

It was here that the providential kaolin wa discovered. Gold and clay were also mined here. The chestnut groves sheltered healing fountains. Serpentine rose to the surface of the isolated moorlands. The stone in Saint-Yrieix colours the houses with warm shades of ochre and sienna.

La lande de Saint-Laurent.
Saint-Laurent moorland.

L'église du Chalard et le cimetière des moines.
Chalard church and the monks cemetery.

Bonne fontaine Saint-Eutrope à Courb
Saint-Eutrope healing fountain in Courb

vitraux de l'église de Magnac-Bourg datent du XVIe siècle et sont remarquables par l'éclat de leurs coloris.
stained glass windows in the church of Magnac-Bourg, dating from the 16th century, are remarkable for their radiant colours.

Le pays arédien

Bâtiments de ferme, près de Saint-Yrieix.
Farm buildings near Saint-Yrieix.

« Eternity » de Kimio Tsuchiya, poutres et pierres récupérées.
"Eternity" by Kimio Tsuchiya, recycled beams and stones.

Vassivière

Le muret d'Andy Goldsworthy évoque les villages disparus lors de la mise en eau du lac.
The wall by Andy Goldsworthy evokes the villages lost under the water when the lake was filled.

Dominique Bailly, blocs de chêne taillés, pierres et mousses.
Dominique Bailly, blocks of hewn oak, stone and mousse.

Haut lieu touristique du Limousin à cheval sur la Haute-Vienne et la Creuse, le lac de Vassivière et ses 1 000 hectares accueillent baignade, pêche, sports nautiques et promenade. Les pentes boisées de son île offrent la découverte d'un monde étonnant de sculptures contemporaines intégrées au paysage. Le Centre international d'art et du paysage y reçoit expositions et artistes.

A major tourist centre in Limousin, with one foot in Haute-Vienne and the other foot in Creuse, Lake Vassivière covers 1,000 hectares and offers opportunities for bathing, fishing, water sports and walking.. The tree-covered slopes of its island offer an insight into an astonishing world of contemporary sculptures which form part of the natural landscape. The International Centre of Art and Landscape plays host to exhibitions and artists.

Le Centre international d'art et du paysage et sa tour-phare.
The International Centre of Art and Landscape and its lighthouse tower.

Jean Estaque, sans titre.
Jean Estaque, untitled.

La Creuse

Vallée de la Tardes.

Tardes Valley.

La forteresse du XIIIe siècle possédait un kilomètre de remparts, une double enceinte et dix tours. Un tremblement de terre en eut raison en 1606.
The 13th century fortress was surrounded by one kilometre of ramparts, a double wall and ten towers. An earthquake destroyed it in 1606.

Crozant

Brouillard matinal sur les ruines.
Morning mist among the ruins.

La Sédelle.
River Sédelle.

1893 à 1926, Armand Guillaumin n'eut de cesse de peindre la Creuse et Crozant, au rythme des couleurs et des saisons.
n 1893 to 1926, Armand Guillaumin painted Creuse incessantly at the rhythm of the colours and the seasons.

Les peintres de la Creuse à Guéret

The painters of Creuse in Guéret

Edouard-Auguste Imer (1820-1881), « Le chêne de Vouziers » (détail).
Edouard-Auguste Imer (1820-1881), "Le chêne de Vouziers" (detail).

De la route, les pèlerins découvrent Bénévent-l'Abbaye et son abbatiale qui abrite de mystérieux chapiteaux.
From the road, pilgrims discover Bénévent-l'Abbaye and its abbey which houses some mysterious capitals.

Vers Saint-Jacques

Towards Santiago de Compostella

« L'Homme Spirituel », inaccessible aux séductions terrestres.
"L'Homme Spirituel", unaffected by earthly seductions.

Le chemin quitte Saint-Goussaud.
The path leaves Saint-Goussaud.

Un des quatre chemins de Compostelle est la voie limousine. La Souterraine, Bénévent-l'Abbaye et Saint-Goussaud sont les trois étapes majeures de son passage en Creuse. La voie traverse ensuite la Haute-Vienne par Saint-Léonard-de-Noblat, Limoges et Châlus.

One of the four Compostella routes is the Limousin Way. La Souterraine, Bénévent-l'Abbaye and Saint-Goussaud are three major stopovers as it passes through Creuse. The route then crosses Haute-Vienne via Saint-Léonard-de-Noblat, Limoges and Châlus.

Détail du portail de l'église Notre-Dame à La Souterraine, dont la pierre blanche du clocher est un repère attendu des pèlerins.
Detail from the door of the Church of Notre-Dame in La Souterraine, the white stone bell tower of which is a landmark for pilgrims.

Saint-Goussaud, la lanterne des morts.
Saint-Goussaud, the lantern of the dead.

Le village est plein de charme. Son église recèle un trésor. Un ensemble exceptionnel de boiseries baroques occupe son chœ entier. C'est un sculpteur auvergnat, Simon Bauer, qui, entre 1673 et 1681, a laissé ici libre cours à son talent, son imagination et sa démesure.

The village is full of charm. Its church hold a treasure : an outstanding collection of Baroq woodwork which fills the entire choir. It was here that, from 1673 to 1681, a sculptor fro Auvergne, Simon Bauer, gave full expressio to his talent, imagination and excesses.

Le porche gothique a été mutilé sous la Révolution. La nef, détruite lors des guerres de Religion, n'a jamais été reconstruite.

The Gothic porch was damaged during the Revolution. The nave, destroyed during the Wars of Religion, was never rebuilt.

Une cariatide.

A caryatid.

Les deux lions adossés du lutrin.

Two back-to-back lions on the lectern.

chœur et ses boiseries ont servi de décor à la scène de l'office des ténèbres du film d'Alain Corneau « Tous les matins du monde ».
e choir and its woodwork served as a set for the Tenebrae scene in the film by Alain Corneau "Tous les Matins du Monde".

Moutier-d'Ahun

Enfant au turban.
Child with a turban.

Le magasin des laines à la Manufacture Saint-Jean.
The wool store at the Manufacture Saint-Jean.

Aubusson

Tapisserie en cours de restauration, Manufacture Saint-Jean.
Tapestry undergoing restoration, Manufacture Saint-Jean.

Le quartier de la Terrade, ancien quartier des tapissiers et teinturiers.
La Terrade, the former neighbourhood of tapestry makers and dyers.

Au XVe siècle, le paysage limousin se fait tapisserie. Ce sont les célèbres verdures d'Aubusson. Le nom de cette petite ville des bords de Creuse devient dès lors synonyme de tapisserie. Manufacture royale au XVIIe siècle, elle acquiert une renommée mondiale. La visite d'Aubusson est un voyage au cœur de l'art du tissage traditionnel et de l'histoire de la tapisserie.

In the 15th century, the Limousin landscape became a tapestry. These are the famous Aubusson verdure tapestries. The name of this small town on the banks of the Creuse became synonymous with this art form and as a royal workshop in the 17th century, it became world famous. A visit to Aubusson offers a journey into the heart of the art of traditional weaving and the history of tapestry.

Les tapisseries d'Aubusson étaient tissées sur des métiers de basse-lisse, c'est-à-dire horizontaux.

Aubusson tapestries were woven on horizontal floor looms.

L'atelier du peintre cartonnier dans la Maison du Tapissier.

The tapestry designer workshop at the Maison du Tapissier.

L'étang des Landes, seul étang naturel du Limousin, abrite une flore et une faune exceptionnelles.
Les Landes Lake, the only natural lake in Limousin, is home to an outstanding flora and fauna.

Les gorges de la Voueize et de la Tardes entaillent le bocag bien ordonné à l'approche de l'Auvergne. La « capitale » Chambo sur-Voueize voisine avec Evaux-les-Bai la seule ville thermale du Limousin. Au sud, Felletin fut l'égale et la rivale tapissière d'Aubusson.

The Voueize and the Tardes Gorges cut thei way through the well-ordered bocage as they approach Auvergne. The "capital", Chambo sur-Voueize, lies next to Evaux-les-Bains, the only spa town in Limousin. To the sout Felletin was a rival tapestry-making town to Aubusson.

La chapelle des Lissiers dans l'église du Moûtier à Felletin.

The Lissiers Chapel in Moûtier Church in Felletin.

Des ouvriers des manufactures de la ville y ont réalisé au XIXe siècle ces peintures murales uniques.

Workers from the town's workshops produced these unique wall decorations in the 19th century.

Le clocher porche (XIe) de l'égl Saint-Pierre-et-Saint-Paul à Evaux-les-Bai

The bell tower-porch (11th century) of Saint-Pierre- Saint-Paul Church in Evaux-les-Ba

ambon-sur-Voueize dominée par l'imposante abbatiale Sainte-Valérie, où sont conservées les reliques de la sainte.
ambon-sur-Voueize dominated by the imposing Sainte-Valérie Abbey, where the saint's relics are preserved.

La Combraille

Triptyque de saint Eloi (1530), chapelle de la Visitation à Crocq.
Un aigle annonce la naissance d'Eloi à la future mère.
Triptych of Saint Eligius (1530), Chapel of the Visitation in Crocq.
An eagle announces the birth of Eligius to the expectant mother.

Reconstruits ou seulement augmentés de bâtiments d'agrément au XVe siècle, ces châteaux marchois ont conservé la solidité et la rusticité de leurs origin médiévales. Usé par les guerres, le pay était trop pauvre ou trop traditionnel pour s'ouvrir aux fastes Renaissance du Val de Loire.

Rebuilt or extended with decorative building in the 15th century, the castles of the Count of La Marche have maintained the solidity and rusticity of their medieval origins. Drained by war, the area was too poor, or too traditional, to open its doors to the Renaissance splendours of the Val de Lo

Boussac, où George Sand découvrit les tapisseries de la Dame à la Licorne.
Boussac, where George Sand discovered the tapestries of the Lady and the Unicorn.

Etangsannes et Villemonteix ont été construits autour de leur donjon du XIIe siè
Etangsannes and Villemonteix were built around their 12th century ke

Mazeau à Peyrat-la-Nonière, en cours de restauration, mélange style Renaissance et caractère rural.
Mazeau in Peyrat-la-Nonière in the process of restoration, a mixture of a Renaissance style and a rural character.

Châteaux en Creuse
Castles in Creuse

Le Théret (XIVe et XVIIe).
Le Théret (14th and 17th centuries).

Bourganeuf et la tour Zizim, prison dorée du prince Djem, fils de Mahomet II, en exil.
Bourganeuf and the Zizim tower, the golden prison of the exiled Prince Djem, the son of Mehmed II.

Templiers et hospitaliers s'installèrent dès le XIIe siècle en Limousin. Les hospitaliers firent de Bourganeuf le siège de leur grand prieuré d'Auvergne. Pierre d'Aubusson, grand maître de l'ordre en 1476, habile politique et redoutable guerrier, s'acquit le surnom de « bouclier de l'église ».

Templars and Hospitallers established themselves in Limousin in the 12th century. The Hospitallers made Bourganeuf the base for their Grand Priory in Auvergne. Pierre d'Aubusson, Grand Master of the Order in 1476, a skilful politician and feared warrior was given the name the "shield of the Churc

Fresque de la commanderie de Paulhac.
Fresco in Paulhac commandery.

A Aubusson, vitrail célébrant la victoire de Pierre d'Aubusson sur Mahomet II à Rhodes en 1480.
In Aubusson, a stained glass window celebrating the victory of Pierre d'Aubusson over Mehmed II at Rhodes in 1480.

chapelle templière de Pallier. Les hospitaliers reprirent la commanderie après l'anéantissement des templiers par Philippe le Bel en 1312.

Templar chapel in Pallier. The Hospitallers took over the commandery after the Templars Order was wiped out by Philip the Fair in 1312.

Templiers et hospitaliers
Templars and Hospitallers

Bas-relief dit « Monument des hospitaliers » dans l'église de Gentioux.

Bas-relief called the "Monument des Hospitaliers" in the church in Gentioux.

La pauvreté poussant à l'immigration, des milliers de maçons creusois partirent construire le Paris d'Haussmann. L'un d'eux, Martin Nadaud, fut dépu et préfet de la Creuse et témoigna de la dureté de leur existence dans « Les Mémoires de Léonard ».

With poverty forcing the population to emigr thousands of masons from Creuse left their homes to participate in the construction of Haussmann Paris. One of them, Martin Nadaud, became the deputy and Prefet of Creuse and gave an account of their life in "Les Mémoires de Léonard".

Corbeille d'abondance et outils agricoles sculptés sur une grange de maçon.
Basket of plenty and agricultural tools sculpted on a mason's barn.

Un grand homme, une tombe toute simple.
A great man, a simple tomb.

Tombe sculptée par un tailleur de pierre, Jean Cacaud, pour sa famille au cimetière de Gentioux (déta
Tomb sculpted by a stone carver, Jean Cacaud, for his family at Gentioux cemetery (detail).

ıasgot, François Michaud (1810-1880), un tailleur de pierre original, a décoré son village, ici sa maison, avec des statues d'animaux et des figures son panthéon personnel : Napoléon, Marianne, Jules Grévy (ci-dessous).

ıasgot, François Michaud (1810-1880), a unique stone carver, decorated his village, here his house, with statues of animals and figures from his personal hall of fame : oleon, Marianne, Jules Grévy (above).

Les maçons
Masons

La Corrèze

Site de Gratte-Bruyère.

The site of Gratte-Bruyère.

« La fête de la Lunade à Tulle » de Cesare Saccagi (vers 1900), église de Gimel-les-Cascades.
“La fête de la Lunade à Tulle” by Cesare Saccagi (around 1900), Gimel-les-Cascades church.

Armes, dentelles, accordéons. La singulière diversité des talents manufacturiers de la préfecture de la Corrèze ferait sourire si la ville n'était marquée d'un sceau tragique. Le 9 juin 1944, les SS de la division *Das Reich* ont pendu 99 otages tout au long de la ru du Pont-Neuf, désormais rue des Martyrs.

Weapons, lace and accordions. The unique diversity of manufacturing talents of the Prefecture of Corrèze would be funny if the town itself had not been marked by a tragi event. On 9 June 1944, SS from the Das Re Division hanged 99 hostages along the leng of Rue du Pont-Neuf, now called Rue des Martyrs.

Le monument en mémoire des martyrs.
The monument in memory of the martyrs.

Un pendu est représenté sur la grande verrière moderne de la cathédrale.
A hanged man is depicted on the cathedral's large modern stained glass window.

maison de Loyac, superbe édifice Renaissance, est agrémentée de motifs floraux, d'animaux et de personnages aux attitudes très libres.
c townhouse, a superb Renaissance building, is decorated with floral patterns, animals and figures with very liberal attitudes.

Tulle

Si la réputation des accordéons Maugein n'est plus à faire, la visite des ateliers est une passionnante découverte.
Although the reputation of Maugein accordions is well-known, a visit to the workshops offers a fascinating experience.

Les bâtiments conventuels, remaniés au XVIIIe siècle, abritent la salle capitulaire dont les baies romanes donnent sur le jardin du cloître qui a dispar
The monastery buildings, redesigned in the 18th century, accommodate the chapter house, whose Romanesque windows overlook the gardens of the cloister which has now disappeared.

Aubazine

Cette armoire liturgique du XIIe siècle est un des plus vieux meubles conservés en France.
This 12th century liturgical armoire is one of the oldest preserved items of furniture in France.

Le jardin.
The garden.

Fondée au XIIe siècle par Etienne, un ermite venu de Xaintrie, puis rattachée à Cîteaux, Aubazine est l'abbaye cistercienne la mieux préservée du Limousin. Son pendant, le monastère féminin de Coyroux, est par contre en ruines. Un ouvrage exceptionnel, le canal des moines, approvisionnait en eau la communauté.

Founded in the 12th century by Etienne, a hermit from Xaintrie, and becoming part of Cîteaux, Aubazine is the best preserved Cistercian abbey in Limousin. However, its female counterpart, the convent in Coyroux, is in ruins. An outstanding structure, the monks' canal supplied the community with water.

Toute la simplicité cistercienne.
Cistercian simplicity.

Le tombeau d'Etienne d'Obazine (XIIIe), rare mais magnifique témoignage de la sculpture gothique en Limousin.
The tomb of Etienne d'Obazine (13th century), a rare and magnificent example of Gothic sculpture in Limousin.

Le musée Labenche d'art et d'histoire occupe ce magnifique hôtel Renaissance.
The Labenche Museum of Art and History occupies this magnificent Renaissance townhouse.

Brive-la-Gaillarde

La maison d'Edmond Michelet est devenue un musée de la Résistance.
The house of Edmond Michelet has become a Museum of the Resistance.

Paysage du causse.
The limestone plateau landscape

Deuxième ville du Limousin, Brive-la-Gaillarde se distingue par son aspect méridional, la couleur chaude de sa pierre, ses allures riches et bourgeoises. Sa Foire du Livre et ses Orchestrades sont aussi renommées que son marché. A ses portes s'étend le causse corrézien, avancée impromptue du Quercy en terres limousines.

The second town in Limousin, Brive-la-Gaillarde distinguishes itself by its southern appearance, the warm colour of its stone, its rich and bourgeois features. The town's Book Fair and the Orchestrades are as famous as its market. The Corrèze limestone plateau stretches out before it, an unexpected foray of Quercy into Limousin land.

Place Latreille.
Place Latreille.

La collégiale Saint-Martin.
Saint-Martin collegiate church.

Le puits de la Girale à Travassac. Sept filons d'ardoise y furent exploités.
La Girale quarry in Travassac. Seven slate seams were mined there.

L'ardoise

Slate

A Turenne.
In Turenne.

Les tours d'Uzerche.
The towers of Uzerche.

L'ardoise, son gris bleuté, ses éclats d'argent sous le soleil, habille la plupart des toits de Corrèze. Sa résistance aux intempéries est telle que la durée de vie d'une couverture dépend de la durée de vie des clous qui la fixent à la volige. Grâce aux ardoisières de Travassac, le Mont-Saint-Michel est désormais recouvert d'ardoises corréziennes.

Slate, with its blue-grey colour and touches of silver reflected in the sunlight, covers most of the roofs in Corrèze. Its resistance to bad weather is such that the lifespan of a slate roof depends on the lifespan of the nails which fasten it to the wood frame. Thanks to the Travassac slate quarries, the Mont-Saint-Michel is now covered with slate from Corrèze.

Les toits de Turenne.
The roofs of Turenne.

Travassac, pan de quartzites.
Travassac, quartzite wall.

Entre les tours d'Uzerche et Ségur-le-Château aux allur médiévales, le château de Pompadour et son célèbre haras, fondé par la marquise, qui, dit-on, n'y vint jamais, voisinent avec l'Evang roman des chapiteaux de Lubersac. Des siècles d'histoire parmi les verger de pommiers.

Between the towers of Uzerche and the medieval-style Ségur-le-Château, Pompad Castle and its famous stud farm, founded the marquise, who, it is said, never went th sits alongside the Romanesque Gospels on the capitals in Lubersac. Centuries of hist among the apple orchards.

Uzerche, dominée par l'abbatiale Saint-Pierre.
Uzerche, dominated by Saint-Pierre Abbey.

Ségur-le Château.
Ségur-le Château.

La maison Henri IV et la maison Boyer avec sa façade à pan de bois.
Maison Henri IV and Maison Boyer with its timber-frame facade.

nnonciation de Lubersac. Les chapiteaux de l'intérieur de l'église racontent l'Evangile sous des voûtes peintes au XVᵉ siècle.
Annunciation in Lubersac. The capitals inside the church recount the Gospel and sit beneath the vaults painted in the 15th century.

D'Uzerche à Ségur
From Uzerche to Ségur

Un vaste hippodrome s'étend au pied du château de Pompadour.
A huge race course stretches out below Pompadour Castle.

Dominés par Suc-au-May, les puys des Monédières forment un petit massif montagneux blotti entre la Vézère et la Corrèze. Sur les pentes arrondies les résineux gagnent du terrain, mais les landes de bruyères et de myrtilles résistent et sauvent ce paradis des promeneurs.

Dominated by Suc-au-May, the monts of Monédières form a small mountain range nestling between the River Vézère and the Ri Corrèze. On the gentle slopes, resinous trees have gained ground, but the heather and bilberry covered moorland resists in ord to preserve this walkers' paradise.

Bordant la Vézère au nord du massif, Treignac fut une cité protestante combative.
Sitting alongside the River Vézère to the north of the mountain range, Treignac was a town of Protestant resistance.

Touchante pietà du XVIe siècle à Chaumeil (détail).
A touching 16th century pietà in Chaumeil (detail).

Au sud, à Corrèze, le site de Notre-Dame-du-Pont-du-Salut.
To the south, in Corrèze, the site of Notre-Dame-du-Pont-du-Salut.

haut des 908 mètres de Suc-au-May, la vue peut parcourir le plateau de Millevaches, les monts d'Auvergne et ceux du Cantal.

e view from the 908 metre-high of Suc-au-May mountain stretches to the Millevaches plateau and the Auvergne and Cantal Mountains.

Les Monédières

Un linteau de château décore cette fontaine, près de Sarran.

A lintel from a castle decorates this fountain near Sarran.

Au XIIe siècle, le Limousin fut le berceau de l'invention de la poésie lyrique et des plu grands troubadours. Ils firent de son dialecte la langue littéraire de l'époque L'un des plus célèbres, Bernard de Ventadour, éleva l'art courtois à so plus haut degré de raffinement et de sensibilité.

In the 12th century, Limousin was the birthplace of lyric poetry and some of the greatest troubadours. They turned its dialect into the literary language of that tir One of the most famous, Bernard de Ventado raised the courteous art form to its highest level of refinement and sensitivity.

A Meymac, la halle du xve siècle jouxte l'abbatiale qui abrite une Vierge noire.
In Meymac, the 15th century covered market sits alongside the abbey which houses a Black Virgin.

L'hôtel de Ventadour à Ussel (xvie).
The Ventadour townhouse in Ussel (16th century).

Ecusson des Ventadour, église de Darnets.
Coat-of-arms of the Ventadour family, Darnets Church.

L'église romane fortifiée de Saint-Ang
Fortified Romanesque church in Saint-An

ruines de Ventadour. Bernard de Ventadour, comme son nom ne l'indique pas, était un fils de domestique. Il chanta si bien les charmes la femme du vicomte qu'il dut quitter le château, d'où il gagna la cour d'Aliénor d'Aquitaine.

ruins of Ventadour. Bernard de Ventadour was the son of a maid, something not suggested by his name. He charmed the wife of the Viscount with his songs so much t he was forced to leave the castle and move to the court of Eleanor of Aquitaine.

Le pays de Ventadour

Ce gisant inconnu du XIVe siècle repose dans l'église de Soudeilles.

This 14th century recumbent figure of an unknown is in the church in Soudeilles.

Le site de Gratte-Bruyère.
The site of Gratte-Bruyère.

La Dordogne corrézienne

The River Dordogne in Corrèze

Le barrage du Chastang.
Chastang dam.

A Argentat, ancien port gabarier, la Dordogne entre dans la plaine.
In Argentat, a former river port, the River Dordogne enters the plain.

L'époque des gabariers qui descendaient une Dordogne capricieuse au péril de leur vie et de leur cargaison de bois est bien révolue. Les barrages, construits entre 1930 et 1958, ont assagi la rivière en une succession de lacs, puissants réservoirs d'énergie hydro-électrique. Ses gorges restent les plus spectaculaires et abruptes du Limousin.

The time when bargemen used to descend the capricious waters of the Dordogne with cargos of wood at the risk of their lives is now past. The dams built between 1930 and 1958 have tamed the river with a series of lakes, powerful reservoirs for hydroelectric power. Its gorges are still the most spectacular and the steepest in Limousin.

Les gabares ne promènent plus que les touristes en eaux calmes.
Nowadays, barges only take out tourists on the peaceful waters.

La chapelle des Pénitents à Beaulieu-sur-Dordogne.
The Pénitents Chapel in Beaulieu-sur-Dordogne.

L'Adoration des Mages, tympan de Saillac (XIIe).
The Adoration of the Magus, tympanum in Saillac (12th century).

Tympans et chapiteaux
Tympanums and capitals

Saint Pierre et saint Paul, chapiteau du portail de l'abbatiale de Vigeois (XIIe).
Saint Peter and Saint Paul, capital on the portal of Vigeois Abbey (12th century).

Un ange de l'Ascension en calcaire blanc du tympan de Collonges-la-Rouge (XIIe).
An angel of the Ascension in white limestone from the tympanum of Collonges-la-Rouge (12th century).

Grandeur et virtuosité à Beaulieu-sur-Dordogne, grâce et finesse à Collonges-la-Rouge, naïveté émouvante à Saillac, les sculpteurs de la région de Brive ont su exploiter toutes les possibilités d'une pierre plus facile à travailler que le granite limousin.

Splendour and virtuosity in Beaulieu-sur-Dordogne, grace and finesse in Collonges-la-Rouge, moving naivety in Saillac, the sculptors from the region of Brive knew how to get the most out of the opportunities offered by a stone which was easier to work than Limousin granite.

La tentation du Christ, Beaulieu-sur-Dordogne (début XIIe).
The Temptation of Christ, Beaulieu-sur-Dordogne (start of the 12th century).

Un des trois atlantes du trumeau, qui « portent » le tympan, Beaulieu-sur-Dordogne (début XIIe).
One of the three atlantes on the pier, which "carry" the tympanum, Beaulieu-sur-Dordogne (start of the 12th century).

Curemonte et ses trois châteaux accueillirent Colette en 1940.
Curemonte and its three castles played host to Colette in 1940.

Autour de Collonges
Around Collonges

Collonges-la-Rouge, encorbellement de la maison de la Sirène.
Collonges-la-Rouge, corbel arch on the Mermaid's house.

Collonges-la-Rouge, la halle aux grains.
Collonges-la-Rouge, the cereal market.

En 15 kilomètres à vol d'oiseau, trois « plus beaux villages de France » sont réunis sur les terres de l'ancienne vicomté de Turenne qui connut l'insigne privilège de demeurer libre et indépendante du royaume de France jusqu'au XVIIIe siècle. Le dernier vicomte, ruiné, la céda à Louis XV. Un paradis fiscal disparut ainsi d'un trait de plume.

Within 15 kilometres as the crow flies, three of the « plus beaux villages de France » are situated on the land of the former viscountcy of Turenne which had the honour of remaining free and independent from the Kingdom of France until the 18th century. The last Viscount found himself ruined and transferred the land to Louis XV. Thus, a tax haven disappeared with a stroke of the pen.

Le grès rouge de Collonges provient de gisements de la région.

The red sandstone of Collonges comes from quarries in the region.

Turenne et la tour César.

Turenne and Caesar's tower.

Le prieuré de Saint-Julien-au-Bois.

Saint-Julien-au-Bois Priory.

A l'extrême sud du Limousin, la Xaintrie se reconnaît à son architecture particulière, ses toits en lauze et ses granges auvergnates. Il faut s'aventurer au pl profond des gorges de la Maronne po découvrir les ruines des tours de Mer dressées sur leur éperon rocheux, et arriver au Moyen Age.

At the far south of Limousin, Xaintrie is recognisable by its special architecture, flagstone roofs and Auvergne-style barns. It is necessary to venture into the deepest rece of the Maronne Gorges to discover the ruin of the Towers of Merle perched on their roc outcrop, and take a step back into the Mid Ages.

Le château du Rieu.

The Castle of Rieu.

Des lucarnes décorées de frontons en pierre taillée ponctuent les toits en lauze.

Lanterns decorated with dressed stone frontons adorn the flagstone roofs.

tours de Merle rassemblent les vestiges de sept châteaux construits les uns auprès des autres au gré d'alliances familiales.

Towers of Merle present the remains of seven castles built one after the other as family alliances were formed.

La Xaintrie

La chapelle de Reygade abrite une magnifique mise au tombeau du XVe siècle.

Reygade Chapel houses a magnificent 15th century entombment.

CENTRE
INDRE
ALLIER
VIENNE
POITOU-CHARENTES
CHARENTE
PUY-DE-DÔME
AUVERGNE
DORDOGNE
AQUITAINE
CANTAL
LOT
MIDI-PYRÉNÉES
HAUTE-VIENNE
CREUSE
CORRÈZE
LIMOGES
Guéret
Tulle
Brive-la-Gaillarde
Montluçon
Aigurande
Crozant
Creuse
Boussac
Bonnat
595
Pierres Jaumâtres
Tersannes
St-Sulpice-les-Feuilles
A 20
MARCHE
Dun-le-Palestel
Gorges de la Creuse
Brame
Magnac-Laval
La Souterraine
Anzême
COMBRAILLES
Gartempe
Le Dorat
N 145
St-Vaury
HAUTE-MARCHE
Gouzon
Chambon-sur-Voueize
Jarnages
Mézières-sur-Issoire
BASSE-MARCHE
Le Grand-Bourg
Évaux-les-Bains
Bellac
Châteauponsac
Étang des Landes
Chénérailles
Étangsannes
Bessines-sur-Gartempe
Paulhac
Bénévent-l'Abbaye
Théret
Peyrat-la-Nonière
496
Monts de Bond
Lac de St-Pardoux
Mont Jouër
St-Goussaud
Ahun
Moutier-d'Ahun
Mazeau
Mortemart
St-Symphorien-sur-Couze
Masgot
Villemonteix
Auzances
Montrol-Sénard
St-Sylvestre
Pontarion
342
Village martyr
Oradour-sur-Glane
Bourganeuf
Aubusson
Cher
Ambazac
St-Junien
St-Victurnien
Vienne
Tours
Crocq
Royère-Vassivière
Felletin
St-Léonard-de-Noblat
Rochechouart
Aureil
777
Lac de Vassivière
Pallier
Peyrat-le-Château
Puy de Crozat
PARC DE MILLEVACHES EN LIMOUSIN
Aixe-sur-Vienne
Gentioux
Solignac
Eymoutiers
Cussac
Chalusset
PLATEAU DE
La Courtine
Tardoire
PAYS DES FEUILLARDIERS
932
St-Mathieu
Nexon
Peyrelevade
Châlus
Magnac-Bourg
MILLEVACHES
Montbrun
730
Eygurande
Mont Gargan
PARC DU PÉRIGORD-LIMOUSIN
Dronne
Lande de St-Laurent
PAYS ARÉDIEN
St-Merd-les-Oussines
St-Germain-les-Belles
Tourbières du Longeyroux
977
Mont Bessou
Ussel
A 89
Le Chalard
St-Yrieix-la-Perche
Treignac
Meymac
Coussac-Bonneval
MONÉDIÈRES
St-Angel
Val
908
Suc-au-May
Soudeilles
Vézère
Lubersac
Uzerche
Darnets
Ségur-le-Château
Chaumeil
Sarran
Orgues
Corrèze
Ventadour
Pompadour
Vigeois
Égletons
Bort-les-Orgues
Seilhac
Neuvic
Juillac
Gimel-les-Cascades
Dordogne
Objat
Gratte-Bruyère
St-Robert
Ardoisières de Travassac
355
Puy-d'Yssandon
St-Viance
Aubazine
Barrage du Chastang
St-Privat
St-Julien-aux-Bois
Larche
CAUSSE
Beynat
Argentat
XAINTRIE
Collonges-la-Rouge
Tours de Merle
Turenne
Rieu
Saillac
Reygade
Curemonte
Beaulieu-sur-Dordogne
Cère
0
25 km